今日は何の日

英語で学び，考える

アラウンド ザ ワールド
around the world

世界のトピック
10月 11月 12月

この本を手にしてくれたみなさんへ

みなさんは，「今日はなんの日かな？」と思うことがありますか？ ふだんはあまり気に留めることがないかもしれませんが，1年のどの日も，世界中の人々が生きてきた過去の歴史が刻まれた記念日です。この本では，そうした記念日を，「平和」「人権」「環境」「異文化理解」の4つの観点で選び，トピックとして取り上げています。トピックから見えてくる課題について，考えたり，友達や家族と話し合ったりして，自分にできることを探してみましょう。それは小さなことかもしれませんが，きっと世界をよりよく変えていくことにつながるでしょう。

世界には数多くの言語があります。どれも同じように学ぶ意義がありますが，みなさんが，世界のさまざまな国の人々とともに，同じ課題に向かって行動するときには，英語がとても大きな助けになります。この本に取り上げたトピックについて考えながら，楽しく英語を学んでください。みなさんにとって英語を学ぶことが，自分を成長させるだけでなく，世界を知り，世界を変えていく第一歩になることを願い，この本をつくりました。今日はなんの日かを知ることで，みなさんの世界へのとびらが大きく開かれますように。

町田淳子

光村教育図書

Contents 目次

英語の音の示し方 ……………………… 3

How to Use この本の使い方 ……… 4

Vocabulary for Calendars カレンダーの言葉 …… 6

October 10月 …… 8

1st 1日 **International Day of Older Persons** …… 10
国際高齢者デー 人権

9th 9日 **World Post Day** …… 12
世界郵便の日 異文化理解

13th 13日 **International Day for Disaster Reduction** …… 14
国際防災の日 環境

24th 24日 **United Nations Day** …… 16
国連デー 平和

27th 27日 **World Day for Audiovisual Heritage** …… 18
世界視聴覚遺産デー 異文化理解

November 11月 …… 20

19th 19日 **World Toilet Day** …… 22
世界トイレデー 人権

20th 20日 **Universal Children's Day** …… 24
世界の子どもの日 人権

The 4th Thursday 第4木曜日 **Thanksgiving Day** …… 26
感謝祭 異文化理解

December 12月 …… 28

3rd 3日 **International Day of Persons with Disabilities** …… 30
国際障害者デー 人権

10th 10日 **Human Rights Day** …… 32
人権デー 人権

11th 11日 **International Mountain Day** …… 34
国際山岳デー 環境

25th 25日 **Christmas Day** …… 36
クリスマス 平和

My Calendar 自分だけのカレンダーを作ろう！ …… 38

Let's think! の答え …………… 40

Take Action 行動できる地球市民になろう ……… 41

Teaching Guide この本を指導にお使いになる方へ …… 42

Word List 言葉の一覧 ………… 46

英語の音の示し方

　外国語を学習するときには，正しい音声を知ることがとても大切です。そこでこの本では，英語の上に読み方の手がかりとなる片仮名を示しています。太い字は，強く読むところです。日本語にない音は，平仮名で表したり，軽く音を出すところは小さい字で表したりして，できるだけ英語の音に近い読み方になるように工夫して示しています。

太い文字について

強く読むところを太い文字で示しています。

[例] **強く読むところ**
ス**タ**ンプ　　イッツ　**ハ**〜ド　トゥ　**ヒ**ア
s**ta**mp　　It's **h**ard to **h**ear.

日本語にない音や特に注意が必要な音について

th

舌先を歯で軽くはさむようにして息だけを出す音を，平仮名の「さ・す・せ・そ」で示しています。

[例] **サ**ンク　ユー　　テン**す**
thank you　　ten**th**

同じようにして声を出す音を，平仮名の「ざ・ず・ぜ・ぞ」で示しています。

[例] **ず**ィス　　**ざ**
this　　**th**e

f と v

下くちびるの内側に軽く上の歯をのせ，すき間から息だけを出す音を，平仮名の「ふ」で示しています。

[例] **ふぁ**ミり　　**ふぁ**イア
family　　**f**ire

同じようにして声を出す音を，片仮名の「ヴ」で示しています。

[例] ハ**ヴ**　　ムー**ヴ**ィ
ha**v**e　　mo**v**ie

l と r

上の歯ぐきに舌先をおし当てて出すラ行の音を，平仮名の「ら・り・る・れ・ろ」で示しています。

[例] **れ**ッツ
Let's

口を「ウ」の形にしてから舌をどこにもふれずに言うラ行の音を，片仮名の「ラ・リ・ル・レ・ロ」で示しています。

[例] ゥ**レッ**ド
red

※ 特に，語の始めに来るときは，「ゥラ・ゥリ…」と示しています。

ds

日本語のツをにごらせて出す音を，「ヅ」と示しています。

[例] ワ〜**ヅ**　　ふレン**ヅ**
wor**ds**　　frien**ds**

のばす音を表す「〜」について

舌を後ろに巻きこむようにしてのばす音を，「〜」で示しています。

[例] バ〜すデイ　　ワ〜るド
b**ir**thday　　w**or**ld

小さい「ッ」や「ャ・ュ・ョ」以外の小さい文字について

最後に「ア・イ・ウ・エ・オ」の音が聞こえないように出す音を，小さい文字で示しています。

[例] ペッ**ト**　　ブッ**ク**
pe**t**　　boo**k**

「ン」の音のあとに，舌先で上あごをさわって軽く出す「ヌ」の音を，小さい「ヌ」で示しています。

[例] キャン**ヌ**　　マウンテン**ヌ**
ca**n**　　mountai**n**

英語は，世界の各地でさまざまに使われていますが，この本では主に，アメリカで使われている英語を参考に発音を示しています。

How to Use この本の使い方

この本では，「平和」「人権」「環境」「異文化理解」の4つの観点から，10月，11月，12月の世界の記念日や，世界で起こった歴史的な出来事などを取り上げて紹介します。

本書は，大きく「トピックページ」と「ピックアップページ」の2種類のページで構成されています。ピックアップページでは，国際デーを中心に取り上げています。

トピックページ

その月の世界の記念日や歴史的な出来事などのトピックを，まとめて一覧にしたページです。それぞれのトピックを英語と日本語の両方で確認できます。

- 全ての英語に，英語の音に近い読み方を示しています。（英語の音の示し方→3ページ）
- トピックは，「平和」「人権」「環境」「異文化理解」の4つの分野に分け，分野ごとに色を変えて示しています。
- 英語以外の言語での月のよび方です。国連の公用語や，日本に関わりの深いいくつかの言語をのせています。
  ※アラビア語は右から左に書きますが，読み方は日本語にしたがって左から右に示しています。
- 年によって日付がかわる記念日です。
- ★は，国連の定めた「国際デー」または「国際週間」です。
- 黄色にぬってあるところは，ピックアップページで取り上げているトピックです。ページ番号をフキダシで示しています。
- その月の季節や行事に関係する事がらを，日本語と英語で紹介しています。
- 日本の法律で定められている，その月の「国民の祝日」です。

- 特定の国のトピックには，その国名を示しています。
- この本では，国名は『最新基本地図―世界・日本―（40訂版）』（帝国書院）を参考に，子どもたちになじみのある名称を用いています。
- 地図と国旗の情報は，2016年8月1日現在のものです。
- 記念日の日付や名称，名称の日本語訳は，さまざまな文献にあたって特定してきましたが，諸説あるものも多く，他の書籍やウェブサイトの情報と異なる場合があります。

この本のガイドたち

ペンギンさん
Hello!
英語が得意なので、英語であいづちを打ったり、英語での回答例を教えてくれたりします。

シロクマさん
こんにちは！
解説やアドバイスをしてくれたり、おまけの情報などを教えてくれたりします。

ピックアップページ

1つのトピックを取り上げて解説したページです。いくつかの活動を通じて、関係する英語表現を学びながらトピックに対する理解を深めることができます。

- 日付
- 記念日や出来事の名称
- どんな日？ この日ができた背景やこの日にこめられた人々の思いなどを解説しています。
- Let's think! トピックに関連して、簡単な英語を使ったクイズや問いかけをのせています。答えを考えることで、トピックについての理解が深まります。

- Words & Expressions 下の問いかけの答えとなるような、テーマに関する英語の言葉や表現を紹介しています。言葉や表現は、答えとしてより自然と思われる形で示しています。
- Let's act it out! 簡単な英語を使った、物作りや発表などの活動を紹介します。
- More to know トピックについて、より理解を深めるためのコラムです。

国際連合と国際デー

国際連合は、略して「国連」とよばれます。世界中の国々が協力して平和を築くために、第二次世界大戦の反省から生まれた国際組織です。世界の平和と安全を守り、また、経済や社会において世界中の国々が協力するようにうながす活動を行っています。

国連が、世界のさまざまな問題の解決に向けて、世界中で協力しようとよびかけ、その取り組みをうながすために制定した記念日が「国際デー」です。

Vocabulary for Calendars
カレンダーの言葉

Let's learn the words and expressions for calendars.
カレンダーで使う言葉や表現を学習しましょう。

● 年の言い方

What year is it?
何年ですか？

It's 2016.
2016年です。

year 年

（2016年なら）It's 2016.　読み方は，twenty sixteen
（1938年なら）It's 1938.
　　　　　　読み方は，nineteen thirty-eight

● 月の言い方

What month is it?
何月ですか？

It's January.
1月です。

month 月

January	1月	July	7月
February	2月	August	8月
March	3月	September	9月
April	4月	October	10月
May	5月	November	11月
June	6月	December	12月

● 曜日の言い方

What day is it?
何曜日ですか？

It's Sunday.
日曜日です。

day 曜日

Sunday	日曜日	Thursday	木曜日
Monday	月曜日	Friday	金曜日
Tuesday	火曜日	Saturday	土曜日
Wednesday	水曜日		

●日付の言い方

What is the date today?
今日は何月何日ですか？

date 日

日付をきかれたときは，**It's** のあとに，「月」「日」「年」の順番に答えるよ。※日本語と，順序がちがうね。

It's **January 6th, 2017**.
2017年1月6日です。

It's **October 24th, 2017**.
月　日　年

誕生日をきくときは
When is your birthday?
あなたの誕生日はいつですか？　と言うよ。

week 週

Sunday	Monday	Tuesday	Wednesday	Thursday	Friday	Saturday
first **1st**	second **2nd**	third **3rd**	fourth **4th**	fifth **5th**	sixth **6th**	seventh **7th**
eighth **8th**	ninth **9th**	tenth **10th**	eleventh **11th**	twelfth **12th**	thirteenth **13th**	fourteenth **14th**
fifteenth **15th**	sixteenth **16th**	seventeenth **17th**	eighteenth **18th**	nineteenth **19th**	twentieth **20th**	twenty-first **21st**
twenty-second **22nd**	twenty-third **23rd**	twenty-fourth **24th**	twenty-fifth **25th**	twenty-sixth **26th**	twenty-seventh **27th**	twenty-eighth **28th**
twenty-ninth **29th**	thirtieth **30th**	thirty-first **31st**				

holiday 休日

anniversary 記念日

consecutive holidays 連休

週末は **weekend**,
夏休みは **summer vacation**,
冬休みは **winter vacation**,
国民の祝日は **national holiday**,
うるう年は **leap year** と言うよ。

※ここでは，主にアメリカで使われる言い方を示しています。イギリスなどでは，「日」「月」「年」の順に言います。

October 10月

いろいろな言語で
- 十月 (中国語)
- octobre (フランス語)
- октябрь (ロシア語)
- octubre (スペイン語)

1
International Day of Older Persons
国際高齢者デー ★ (10ページ) 人権

International Music Day
国際音楽の日

2
International Day of Non-Violence
国際非暴力デー ★

Independence Day (Guinea)
独立記念日（ギニア）

3
German Unity Day (Germany)
ドイツ統一記念日（ドイツ）

第二次世界大戦後、東西に分断されていたドイツが統一された日だよ。

4
World Animal Day
世界動物の日

World Space Week (4th-10th)
世界宇宙週間 ★

8
Independence Day (Croatia)
独立記念日（クロアチア）

朝鮮語を書き表すのに用いるハングル文字の普及や研究を奨励する日だよ。

9
World Post Day
世界郵便の日 ★ (12ページ) 異文化理解

Hangul Day (Korea)
ハングルの日（韓国）

10
Fiji Day (Fiji)
フィジーの日（フィジー）

南太平洋の国フィジーが、イギリスから独立した日だよ。

World Mental Health Day
世界メンタルヘルス・デー ★

精神面における健康に、人々の意識が高まるようによびかける日だよ。

14
World Standards Day
世界標準の日

製品やサービスの国際的な基準をつくっている人たちをねぎらう日だよ。

15
Global Handwashing Day
世界手洗いの日

The Gregorian calendar is adopted. (1582)
グレゴリオ暦制定。

グレゴリオ暦は、今、多くの国で使われている暦だよ。1582年のこの日、ローマ教皇によって制定されたんだ。

16
World Food Day
世界食料デー ★

Boss's Day (United States of America)
ボスデー（アメリカ）

部下が上司に感謝を表す日なんだって。

20
World Statistics Day
世界統計デー ★

5年ごと。2020年の次は2025年……だよ。

Women's Day (Viet Nam)
女性の日（ベトナム）

21
Birth of Alfred Nobel (1833)
ノーベル誕生

ノーベルは、スウェーデンの人で、ダイナマイトを発明したよ。

22
International Stuttering Awareness Day
国際吃音啓発の日

なめらかに話すことができない「吃音」という障害について考えるイベントが開かれるんだ。

23
International Snow Leopard Day
国際ユキヒョウデー

Mole Day (United States of America)
モルの日（アメリカ）

モルは化学で使う単位だよ。

26
National Day (Austria)
建国記念日（オーストリア）

Angam Day (Nauru)
アンガムデー（ナウル）

民族が存続するには1500人以上の人口が必要だといわれているよ。この日は、ナウルの人口が1500人に達した日だよ。

27
World Day for Audiovisual Heritage
世界視聴覚遺産デー ★ (18ページ) 異文化理解

28
International Animation Day
国際アニメーションデー

1892年のこの日に、世界で初めてアニメーションが一般公開されたんだって。

29
The first-ever computer-to-computer link is established. (United States of America, 1969)

初めてコンピュータ間の通信が行われる。（アメリカ）

文字の色を **平和**, **人権**, **環境**, **異文化理解** の4つの分野に分けています。 ★のマークは国連の定める国際デー、国際週間です。

オクトーバル أكتوبر アラビア語	シウォル 시월 朝鮮語	オウトゥーブロ outubro ポルトガル語	トゥーラーコム ตุลาคม タイ語	タン ムオイ tháng mười ベトナム語

年によって日付のかわる記念日

第1月曜日
World Habitat Day
世界ハビタット・デー ★
居住環境（ハビタット）について考える日だよ。

第2月曜日
Day of Respect for Cultural Diversity (Argentina)
文化の多様性を尊重する日（アルゼンチン）

第3月曜日
National Heroes' Day (Jamaica)
ナショナルヒーローズデー（ジャマイカ）
奴隷制に反対し、自由をかけて戦った英雄たちに感謝する日だよ。

5
World Teachers' Day
世界教師デー ★

6
International Cooperation Day (Japan)
国際協力の日（日本）

7
Death of Edgar Allan Poe (1849)
エドガー・アラン・ポー没
アメリカの有名な作家で、推理小説の父ともよばれているよ。

11
International Day of the Girl Child
国際ガールズ・デー ★

12
Columbus arrives in the New World. (1492)
コロンブスが新大陸に到達。

13
International Day for Disaster Reduction
国際防災の日 ★
環境 14ページ

17
International Day for the Eradication of Poverty
貧困撲滅のための国際デー ★

18
Alaska Day (United States of America)
アラスカデー（アメリカ）
1867年のこの日に、北アメリカ北部のアラスカがアメリカ領になったよ。

19
Mother Teresa Day (Albania)
マザー・テレサの日（アルバニア）
キリスト教の修道女として貧しい人たちに尽くしたマザー・テレサを記念した日なんだ。

24
United Nations Day 国連デー ☆
16ページ 平和
World Development Information Day
世界開発情報の日 ★
開発問題への意見に目を向けさせ、国際協力をよびかける日だよ。
International Gibbon Day
国際テナガザルデー

25
World Pasta Day
世界パスタデー

30
Radio broadcast "The War of the Worlds" causes mass panic. (United States of America, 1938)
ラジオドラマ『宇宙戦争』でパニック。（アメリカ）
火星人襲来のラジオドラマを信じた人たちがアメリカ各地で大パニックを引き起こしたとされる日だよ。

31
World Cities Day
世界都市デー ★
Halloween
ハロウィン
悪い霊が暴れるのを防ぐために、おばけなどの仮装をして、追いはらうよ。

🗾 **日本の季節行事**

1日 衣替え
Seasonal Change of Clothing
季節によって気候が大きく変わる日本では、夏と冬で衣服をかえる習慣があります。10月1日には夏服から冬服に、6月1日には冬服から夏服にたんすの中などの衣類を入れかえます。

日本の祝日
体育の日（第2月曜日）

October 1st
10月1日

International Day of Older Persons

国際高齢者デー

どんな日？

医療が進歩したことにより，人々の寿命が延び，社会の高齢化が進んでいます。国連は，**高齢化問題は世界中で協力して取り組む課題**だとして，**世界の国々に問題解決に向けてともに行動しよう**とうったえるため，1990年にこの日を制定しました。毎年さまざまな国や地域で，高齢者に関する会議が開かれたり，イベントが行われたりしています。日本では9月の第3月曜日を「敬老の日」と定めていますね。

だれでもいつかはお年寄りです。お年寄りが笑顔で暮らせるように，できることから始めてみましょう。

Words & Expressions

knowledge 知識

experience 経験

grandchild 孫

reading glasses 老眼鏡

a lot of memories たくさんの思い出

skills 熟練した技

wisdom 知恵

view of life 人生観

leisurely life のんびりとした生活

What do older people have?
お年寄りがもっているものってなんだろう？

人権　Human Rights

English Activity — Let's think!

What happens?
（年をとると）どんなことが起こるかな？

It's hard to hear. 聞こえにくい。
It's hard to see. 見えにくい。
It's hard to move fast. 素早く動くのが難しい。

It's easy to forget. 忘れっぽい。
It's easy to fall. 転びやすい。
It's easy to get tired. つかれやすい。

年をとると，どんなことが難しくなったり，起こりやすくなったりするだろう？　ここに挙げた他に，どんなことがあるか考えてみよう。

English Activity — Let's act it out!

Let's talk to older people!
お年寄りに声をかけよう！

困っているお年寄りを見かけたら，何かお手伝いできることがないか，こんなふうに声をかけてみよう！

What's wrong?
どうしたのですか？

May I help you?
お手伝いしましょうか？

What can I do for you?
何かできることがありますか？

Can I call somebody?
だれか呼びましょうか？

October
9th
10月9日

世界郵便の日

World Post Day

どんな日？

19世紀に入ると，世界経済が大きく成長し，さまざまな国と国の間で交流がさかんになりました。そこで，**簡便で整った国際郵便サービスが求められるようになり**，1874年のこの日，スイスで万国郵便連合（Universal Postal Union：UPU）が発足しました。みなさんの手紙が世界各地に届くのも，世界で共通の郵便サービスを受けられるようにUPUが加盟国に働きかけているからです。

電子メールを使う人が増え，手紙を書く人は減ってきていますが，電子メールとはちがう手紙のよさも見直してみましょう。

Words & Expressions

- **mailbox** ポスト，郵便受け
- **envelope** ふうとう
- **address** 住所
- **letter paper** 便せん
- **postcard** はがき
- **post office** 郵便局
- **mail carrier** 郵便配達人
- **stamp** 切手
- **airmail** 航空便

Can you collect the words about "post"?
「郵便」に関する言葉を集められるかな？

異文化理解 Cross-Cultural Understanding

English Activity — Let's think!

Where can you see this mailbox?
このポストは，どこで見ることができるかな？

I can see it in Japan.
それは日本で見られるよ。

💡 下の写真は，どの国のポストかな？　ヒントも参考にして考えよう。

① 　② 　③

ヒント

Sweden スウェーデン	yellow and light blue 黄色と水色
China 中国	green 緑色
Germany ドイツ	yellow 黄色

English Activity — Let's act it out!

Let's make a birthday card and post it!
バースデーカードを作って郵便で送ろう！

```
① Yamakawa Wakana
  19 Kamiwada, Yamato-shi,
  Kanagawa  242-0014  Japan
② Mr. Ali Ahmadi
  #12, 30th North Ave.,
  Teheran 5678901234 Iran
```
[AIR MAIL]

③ Dear Ali,
Happy birthday!
Many happy returns of the day!
　　　　　　　　　　　　Love,
　　　　　　　　　　　　Wakana

① 山川若菜
　大和市上和田19
　神奈川県 〒242-0014 日本

② アリ・アフマディ様
　ノース通り30番地12
　テヘラン 5678901234 イラン

③ アリへ
　お誕生日おめでとう！　この幸せな日が何度も来ますように！
　　　　　　　　　　　　　　愛をこめて，若菜より

★Let's think! の答え→40ページ

October 13th
10月13日

International Day for Disaster Reduction

国際防災の日

どんな日？

地震や台風、火山の噴火など、自然現象によって引き起こされる災害のことを「自然災害」といいます。自然災害は、世界のいたるところで起こっています。**自然災害から人命や社会を守るためには、世界中の人々が国境をこえて協力し合うこと**が重要です。

1989年に国連は、**より災害に強い地域社会や国をつくろう**と世界にうったえるために、「国際防災の日」を制定しました。国連は、毎年テーマを決めて、災害の危険をうったえ、予防策をよびかけています。また、世界各地で防災キャンペーンが行われています。

Words & Expressions

tsunami 津波

flood 洪水

cold wave 寒波

landslide 地すべり、土砂くずれ

typhoon 台風

earthquake 地震

eruption of a volcano 火山の噴火

forest fire 山火事

drought 日照り

heat wave 熱波、酷暑

What kind of disasters do we have?
どんな種類の災害があるのだろう？

環境 Environment

English Activity

Let's think!

What should we do?
（地震が起きたら）どうしたらいい？

緊急事態だ！ 地震が起きたら、状況に応じてどのように行動するかを判断しよう。英語で言えたら助けてあげられる友達がいるかもしれないね。

Watch out!
気をつけて！

Cover your head!
頭を守って！

Turn off the gas!
ガスの火を消して！

Keep away from the wall!
へいからはなれて！

Open the door!
ドアを開けて！

Seek shelter!
安全な場所を探して！

Don't panic!
あわてないで！

Now!
今すぐ！

津波が来るかもしれないときは

Get to higher ground!
高い所へ行って！

October 24th
10月24日

United Nations Day

 国連デー

どんな日?

「国連デー」は,1945年のこの日に,国際連合が発足したことを記念して制定されました。国際連合は,第二次世界大戦のあと,**二度とこのような争いを起こしてはならないという深い反省のもとに**,51か国が参加してつくられた機関です。短く「国連(UN)」とよばれ,今では日本をふくむ世界193か国が加盟しています。

国連のいちばんの役割は,国際社会の「平和と安全」を守り,豊かな国も貧しい国も協力し合える世界をつくることです。そのために,各国の代表が協力して活動しています。

UN Photo/John Isaac

国連の旗
平和を表すオリーブの木の枝に包まれた地球がえがかれています。

Words & Expressions

- **peace** 平和
- **health** 健康
- **culture** 文化
- **food** 食べ物
- **education** 教育
- **economy** 経済
- **environment** 環境
- **human rights** 人権

What is the United Nations for?
国連はなんのためにあるのかな?

| 平和 | Peace |

Let's think!

What do UN organizations do?
国連の機関は，どんなことをしているのかな？

> 国連には，たくさんの機関がある。ここでは4つの機関を紹介するよ。それぞれの機関に関係する言葉を16ページの言葉の中から探して，ふせん ▭ に書いてはってみよう。

1 UNEP 国連環境計画
United Nations Environment Programme

地球環境の調査や，環境保護をうながす活動を行っています。

【活動例】オゾン層の保護や，気候変動，有害廃棄物，森林の消滅に関する情報収集など。

> **UNEP works for the environment.**
> UNEPは， environment 環境 を守るために働いているよ。

2 WHO 世界保健機関
World Health Organization

人々の健康のためのルール作りや環境の整備，予防対策などに取り組んでいます。

【活動例】感染症の対策，予防接種の促進，開発途上国の衛生改善など。

> **WHO works for health.**
> WHOは，人々の health 健康 のために働いているんだ。

3 UNESCO
国連教育科学文化機関
United Nations Educational, Scientific and Cultural Organization

教育，科学，文化，通信の分野で，さまざまな国が協力し合うように，働きかけています。

【活動例】世界の自然遺産や文化遺産の保護，開発途上国の教育支援など。

culture 文化

4 WFP 世界食糧計画
World Food Programme

飢餓に苦しむ人々への食糧援助や，食糧問題を解決するための活動を支援しています。

【活動例】世界的な学校給食キャンペーン，災害被災地への緊急食糧支援など。

Where? どこかな？

food 食べ物 / human rights 人権

> 国連は，世界中の人の幸せのために活動しているよ。他にどんな機関があるのか調べてみよう。

★Let's think! の答え→ 40ページ

October 27th
10月27日

World Day for Audiovisual Heritage

世界視聴覚遺産デー

どんな日？

テレビの番組や映画といった映像は，私たちにさまざまな情報や楽しみをあたえてくれます。また，映像には，出来事を記録したり，貴重な文化を記憶に残したりする大切な役割もあります。よりよい未来のために，私たちは過去から多くを学ぶ必要があるのです。そのような考えのもと，**映像を人類の遺産として保存しよう**という取り決めが，1980年にユネスコの会議でなされました。

この日は世界各地で，映像保存の大切さをうったえるイベントが開かれます。みなさんも身近にある映像の役割について考えてみましょう。

Words & Expressions

imagination 想像

information 情報

record 記録

art 芸術

surprise おどろき

joy 喜び

message メッセージ

memory 思い出

entertainment 娯楽

What do movies give us?
映像は，私たちに何をあたえてくれるのだろう？

異文化理解　Cross-Cultural Understanding

English Activity — Let's think!

Can you find these words?

これらの言葉を見つけられるかな？

images	voices	story	music
映像	声	物語	音楽

四角の中の言葉を下のフィルムの中から見つけられるかな？これらのものから映画は作られているね。

e i m a g e s m u s i t
d m u s i c a c g
g v o i c e s f s t o r y m t o v

English Activity — Let's act it out!

Let's make a short movie!

短い動画をとってみよう！

みんなは、なんの動画をとってみたいかな？記録に残したいものを言ってみよう。

my pet 私のペット

insects 昆虫

my family 私の家族

basketball game バスケットボールの試合

cooking 料理

World Heritage 世界遺産

★Let's think! の答え→40ページ

November 11月

いろいろな言語で
中国語	フランス語	ロシア語	スペイン語
十一月	novembre	ноябрь	noviembre

1 All Saints' Day
万聖節

キリスト教の，全ての聖人と殉教者を記念する日だよ。

2 International Day to End Impunity for Crimes against Journalists
ジャーナリストへの犯罪不処罰をなくす国際デー ★

Day of the Dead (Mexico, Oct. 30th-Nov. 2nd)
死者の日（メキシコ）

仮装したり，町中をガイコツで飾りつけたりして，死者を祭る日だよ。

3 Birth of Tezuka Osamu (1928)
手塚治虫誕生

『鉄腕アトム』や『火の鳥』をかいたマンガ家だよ。

7 Birth of Marie Curie (1867)
キュリー夫人誕生

ポーランドの人で，夫婦で放射能の研究の基礎をつくった物理学者だよ。

8 World Town Planning Day
世界都市計画の日

Wilhelm Roentgen discovers the X-Ray. (Germany, 1895)
レントゲンがX線を発見。（ドイツ）

9 The Berlin Wall comes down. (Germany, 1989)
ベルリンの壁崩壊。（ドイツ）

東西ドイツ分割の象徴であったベルリンの壁が開放され，人々の行き来が自由になったよ。

10 World Science Day for Peace and Development
平和と開発のための世界科学デー ★

14 World Diabetes Day
世界糖尿病デー ★

言論の自由をうばわれ，とらえられている作家たちを救うためのキャンペーンをするよ。

15 Day of the Imprisoned Writer
獄中作家の日

America Recycles Day (United States of America)
アメリカリサイクルデー（アメリカ）

16 International Day for Tolerance
国際寛容デー ★

Adoption of the Convention Concerning the Protection of the World Cultural and Natural Heritage (1972)
世界の文化遺産および自然遺産の保護に関する条約（世界遺産条約）採択

世界中の人々が協力して問題を解決するために，さまざまなちがいを認め合おうとよびかける日なんだ。

19 World Toilet Day 世界トイレデー ★ （22ページ 人権）

The Gettysburg Address (United States of America, 1863)
ゲティスバーグ演説（アメリカ）

アメリカの第16代大統領リンカーンが，ゲティスバーグで「人民の，人民による，人民のための政治」という有名な演説を行ったよ。

20 Universal Children's Day 世界の子どもの日 ★ （24ページ 人権）

Africa Industrialization Day
アフリカ工業化の日 ★

世界の目をアフリカに向けさせ，工業化への援助について考える日だよ。

24 "The Origin of Species" is published. (1859)
『種の起源』出版。

『種の起源』は，イギリスの生物学者ダーウィンが書いた，生物の進化についての本だよ。

25 International Day for the Elimination of Violence against Women
女性に対する暴力撤廃の国際デー ★

26 Birth of Ferdinand de Saussure (1857)
ソシュール誕生

ソシュールはスイスの言語学者で，近代言語学の父ともよばれているよ。

27 The Nobel Prize is established. (Sweden, 1895)
ノーベル賞制定。（スウェーデン）

文字の色を **平和**，**人権**，**環境**，**異文化理解** の4つの分野に分けています。★のマークは国連の定める国際デー，国際週間です。

ヌーファンバル	シビルオル	ノヴェンブロ	プルッサジガーヨン	タン ムオイ モッ
نوفمبر	십일월	novembro	พฤศจิกายน	tháng mười một
アラビア語	朝鮮語	ポルトガル語	タイ語	ベトナム語

年によって日付のかわる記念日

11月11日をふくむ週
International Week of Science and Peace
科学と平和の国際週間 ★

第2木曜日
World Usability Day
世界ユーザビリティーデー

さまざまなものがだれにとっても使いやすく、便利になるよう考える日だよ。

第3木曜日
World Philosophy Day
世界哲学の日 ★

第4木曜日
Thanksgiving Day (United States of America)
感謝祭（アメリカ） → 26ページ
異文化理解

4
The Constitution of UNESCO comes into force. (1946)
ユネスコ憲章発効。

5
World Tsunami Awareness Day
世界津波啓発デー ★

日本の津波ついてえがいた「稲むらの火」という話に由来しているよ。

6
International Day for Preventing the Exploitation of the Environment in War and Armed Conflict
戦争と武力紛争による環境搾取防止のための国際デー ★

11
The End of World War I (1918)
第一次世界大戦終結

人類初の世界大戦。航空機や毒ガス、戦車などが初めて使われ、大勢の死者を出したよ。

12
World Pneumonia Day
世界肺炎デー

Death of John Manjiro (1898)
ジョン万次郎没

日本人で初めてアメリカに足をふみ入れ、帰国後は日本とアメリカの関係づくりに尽力した人だよ。

13
World Kindness Day
世界親切の日

17
International Students' Day
国際学生デー

18
The First Tokyo International Women's Marathon is held. (Japan, 1979)
第1回東京国際女子マラソン開催。（日本）

First Apperance of Mickey Mouse in the Short Film "Steamboat Willie" (United States of America, 1928)
ミッキーマウスが、短編アニメーション『蒸気船ウィリー』で初登場（アメリカ）

日本の季節行事

15日 七五三
A Festival for Children of Three, Five and Seven Years of Age

子どもの無事な成長を祝い、これからも健やかに育つことをいのる行事。晴れ着を着て神社や寺にお参りに行きます。女の子は3才と7才、男の子は3才と5才のときに、行います。

21
World Television Day
世界テレビ・デー ★

World Hello Day
世界ハローデー

22
John F. Kennedy is assassinated. (United States of America, 1963)
ケネディ大統領暗殺。（アメリカ）

23
St. George's Day (Georgia)
聖ジョージの日（ジョージア）

ジョージアの守護聖人ジョージを祝う日だよ。

28
Ferdinand Magellan reaches Pacific Ocean. (1520)
マゼランが太平洋に到達。

29
International Day of Solidarity with the Palestinian People
パレスチナ人民連帯国際デー ★

パレスチナ問題について人々の連帯をよびかける日だよ。

30
The first-ever international football match is held. (United Kingdom, 1872)
世界初のサッカー公式国際試合が行われる。（イギリス）

日本の祝日

文化の日（3日）
勤労感謝の日（23日）

November 19th
11月19日

World Toilet Day
ワールド　トイれッ　デイ

世界トイレデー

どんな日？

みなさんは，外でトイレに行きたくなって，困ったことはありませんか？　日本では，外出先でも比較的簡単にトイレを見つけることができますが，世界には自分の家にさえ，トイレがない人がたくさんいます。**世界のだれもが衛生的なトイレが使えるように協力しよう**と，2013年にこの日が定められました。

ユニセフは，清潔なトイレを使えない人々がいることを世界中に知らせる広報活動をしています。また，そのような状況を改善するための活動を行ったり，資金援助や技術支援をつのったりしています。

Words & Expressions
ワーッ アンド イクスプレッションズ

- **dirty** ダーティ　きたない
- **clean** クリーンヌ　清潔な
- **stinky** スティンキ　くさい
- **water** ウォータ　水
- **pee** ピー　おしっこ
- **toilet paper** トイれッ ペイパ　トイレットペーパー
- **poo** ブー　うんち
- **relieved** リリーヴド　ほっとする
- **private** プライヴィット　プライベートな
- **embarrassed** イムバラスト　はずかしい（本当は，はずかしいことではないんだけど……）

What words come to your mind?
ワット　ワーッ　カムト　ユア　マインド

（トイレと聞くと）どんな言葉が思いうかぶかな？

人権　Human Rights

Let's think!

Is this true or false?
これって本当？　それともうそ？

① 世界には，トイレを使えない人が 約1億人 います。
② フライング・トイレとは，ロケットなどの 飛ぶ乗り物に設置されているトイレ のことです。
③ 世界では，1日に 約100人 の子どもが，トイレがない不衛生な生活から健康をそこない，なくなっています。
④ 野外で はいせつする人がいちばん多い地域は，アジア です。
⑤ 世界には，トイレのない学校 があります。

出典：BBC News　http://www.bbc.com/news/world-africa-31540911
　　ユニセフ「世界トイレの日」プロジェクト　http://worldtoiletday.jp/
　　ユニセフプレスセンター　https://www.unicef.or.jp/library/pres_bn2014/pres_14_13.html

①〜⑤は，世界のトイレに関する事がらを述べているよ。これって本当かな？

True 本当 / False うそ

Let's imagine!
想像してみよう！

What if there are no toilets?
トイレがなかったら，どうするだろう？

More to know

Toilet Projects
トイレに関するプロジェクト

トイレに困っている人たちに向けて，いろいろな支援が行われているよ。みんなにも何かできることはあるかな？

水を使わないトイレの設置

おしっこは，周囲の畑などで液体肥料として使い，うんちは，上から灰をかけて半年待ち，肥料にします。
水を使わないトイレは，下水道のない地域にも普及しやすいため，民間企業や民間団体などが協力して，設置を支援しています。

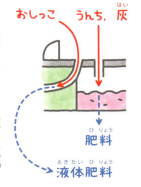

おしっこ　うんち，灰
肥料
液体肥料

衛生の重要性を伝える

野外で はいせつすると，病原菌が人の手や虫，川の水などを介して人の口に入り，病気を招くおそれがあります。
ユニセフなどでは，トイレがない地域の人々に向けて，衛生環境の重要性や手洗いの知識などを伝える活動を行っています。

Something must be done!
なんとかしなきゃ！

★Let's think! の答え→40ページ

November 20th
11月20日

Universal Children's Day

世界の子どもの日

どんな日？

国連は，1989年のこの日，「児童の権利に関する条約（子どもの権利条約）を取り決めました。そして，毎日きちんと食事をしたり安心してねむったりするといった，**全ての子どもが生まれたときからもっている基本的な「生きる権利」が守られるよう，行動すること**をちかいました。

さまざまな国で，子どもたちの成長を祝う「子どもの日」が定められています。日本では5月5日が「こどもの日」ですね。子どものどんな権利も守られるよう，みなさんも権利について勉強したり，考えたりしていきましょう。

Words & Expressions

- playing 遊び
- food 食べ物
- family 家族
- safety 安全
- friends 友達
- house 家
- books 本
- name 名前
- clothes 衣服
- school 学校

What do you need to grow?

みんなが成長するためには，何が必要かな？

人権　Human Rights

English Activity
Let's think!

Let's group the ideas!
考えたことをグループに分けてみよう！

「子どもの権利」は大きく4つに分けられるよ。24ページで考えたことは、どこに入るかな？ ふせん に書いて、当てはまりそうなところにはってみよう！

1 Right to Survival
生きる権利

十分な食事ができ、病気の際は治療が受けられるなど、生きていくのに必要な環境のもとで、生きられる権利。

food 食べ物

2 Right to Development
育つ権利

教育を受け、遊んだり、十分休んだりして、自分らしく生き生きと育つことができる権利。

school 学校

3 Right to Protection
守られる権利

子どもの幸せをうばって利益を得るような行いや暴力、差別などから、守られる権利。

Where？ どこかな？

family 家族

safety 安全

4 Right to Participation
参加する権利

意見を言ったり、集まって自由な活動をしたりできる権利（そのとき、人に迷惑をかけないことが大切です）。

playing 遊び

English Activity
Let's act it out!

Let's make a profile book !
（成長の記録を書きとめて）自分のことを表す本を作ろう！

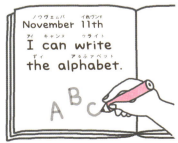

November 11th
I can write the alphabet.

11月11日 アルファベットが書けます。

できるようになったことを書きとめていこう。自分の成長の様子を記した、世界に1冊の本ができるよ。

November 25th
I can play with a kendama.

11月25日 けん玉ができます。

★Let's think! の答え→40ページ

November The 4th Thursday
11月第4木曜日

Thanksgiving Day

感謝祭

どんな日？

1620年，102人の人々が新天地を求め，イギリスからアメリカ大陸に移住しました。ところが，寒さや食糧不足で半数近い人が死んでしまいました。残った人々は，その土地の先住民から食べ物や衣服を分けてもらい，生き延びることができたといわれています。

アメリカやカナダなどでは，そうした困難の歴史をふり返り，**先住民や収穫に感謝するための祝日**を定めています（カナダは10月第2月曜日です）。この日，家庭では，家族みんなでごちそうを食べます。みなさんもこの機会に，「感謝」について考えてみましょう。

Words & Expressions

- ロシア（ロシア語） スパシーバ **Спасибо**
- 中国（中国語） シェシェ **谢谢**
- 韓国（朝鮮語） カムサハムニダ **감사합니다**
- フランス（フランス語） メルスィ **Merci**
- 日本（日本語） **ありがとう**
- タイ（タイ語） コープクン **ขอบคุณ**
- ベトナム（ベトナム語） カム オン **Cám ơn**
- エジプト（アラビア語） シュクラン **شكرا**
- ブラジル（ポルトガル語） オブリガード／オブリガーダ **Obrigado/Obrigada**
- ケニア（スワヒリ語） アサンテ **Asante**
- メキシコ（スペイン語） グラシアス **Gracias**

How do you say "thank you" in your country?
みんなの国では，「ありがとう」は，どのように言うのかな？

異文化理解 Cross-Cultural Understanding

English Activity — Let's think!

How do you express your thanks?

どんなふうに「ありがとう」を表現する？

I make a call. 電話をかける。
I write a letter. 手紙を書く。
I give a hug. だきしめる。
I make a dinner. （特別な）夕食を作る。
I say "thank you" face to face.
直接「ありがとう」と言う。

感謝の気持ちを伝える方法は、いろいろあるね。みんなならどうやって伝えるかな？

I give a ride! おんぶして泳いであげるよ！

English Activity — Let's act it out!

Let's express our thanks!

「ありがとう」の気持ちを表そう！

アメリカの感謝祭では、七面鳥やかぼちゃのパイを食べるよ。みんなは、料理で「ありがとう」の気持ちを伝えるとしたら、どんな料理を作るかな？

This is my Thanksgiving dinner!
これがぼくの感謝祭のメニュー！

- **spaghetti and meatballs** — ミートボール入りスパゲッティ
- **pumpkin soup** — かぼちゃのスープ
- **tomato salad** — トマトサラダ
- **roast chicken** — ローストチキン

Looks delicious! おいしそう！

December 12月

| いろいろな言語で | 十二月 中国語 | décembre フランス語 | декабрь ロシア語 | diciembre スペイン語 |

1
World AIDS Day
世界エイズ・デー ★

National Day (Romania)
統一記念日（ルーマニア）

2
International Day for the Abolition of Slavery
奴隷制度廃止国際デー ★

National Day (Laos)
建国記念日（ラオス）

3
International Day of Persons with Disabilities
国際障害者デー ★
30ページ
人権

4
Death of Hannah Arendt (1975)
ハンナ・アーレント没

ドイツ出身の哲学者で、考え続けることの大切さをうったえたよ。

7
International Civil Aviation Day
国際民間航空デー ★

8
The Pacific War begins. (1941)
太平洋戦争開戦。

9
International Anti-Corruption Day
国際腐敗防止デー ★

公務員の贈収賄や横領などの腐敗行為を、なくそうによびかける日だよ。

10
Human Rights Day
人権デー ★
32ページ
人権

The Nobel Prize Award Ceremonies
ノーベル賞授賞式

13
Lucia (Sweden)
ルシア祭（スウェーデン）

昔の暦の冬至にあたる日で、次の日から日がのび始めることを祝うよ。ルシアは「光」という意味で、キリスト教の聖女の名前なんだ。

14
Roald Amundsen reaches the South Pole. (1911)
アムンセンが南極点に到達。

15
Birth of Zamenhof (1859)
ザメンホフ誕生

「エスペラント語」という国際共通語を考え出した人だよ。

16
Day of Reconciliation (Republic of South Africa)
和解の日（南アフリカ共和国）

1994年のこの日、アパルトヘイトという、白人以外の人種を差別する制度が撤廃されたんだ。

20
International Human Solidarity Day
人間の連帯国際デー ★

人々の多様性を認めて、世界が協力して貧困などの問題に取り組むことをうながす日だよ。

21
The first basketball game is played. (United States of America, 1891)
世界初のバスケットボールの試合が行われる。（アメリカ）

22
Death of Chico Mendes (1988)
シコ・メンデス没

ブラジルで環境保護のために活動した人だよ。

23
Completion of Tokyo Tower (Japan, 1958)
東京タワー完成（日本）

26
Boxing Day
ボクシングデー

イギリスなどの祝日。クリスマスの翌日に、使用人などにプレゼントの箱（ボックス）をおくったことに由来するといわれているよ。

27
"Peter Pan" premieres. (United Kingdom, 1904)
劇『ピーターパン』初演。（イギリス）

28
The first page of "The Diary of Tanya" is written. (Russia, 1941)
『ターニャの日記』の最初の1ページが書かれる。（ロシア）

ターニャは、第二次世界大戦でなくなった女の子だよ。

29
The Peace Accords end Guatemala's civil war. (Guatemala, 1996)
内戦和平合意。（グアテマラ）

28　文字の色を 平和，人権，環境，異文化理解 の4つの分野に分けています。　★のマークは国連の定める国際デー，国際週間です。

ديسمبر
アラビア語

십이월
朝鮮語

dezembro
ポルトガル語

ธันวาคม
タイ語

tháng mười hai
ベトナム語

年によって日付のかわる記念日

第1金曜日
Farmer's Day (Ghana)
農民の日（ガーナ）

第2日曜日
World Choral Day
世界合唱の日

第3金曜日
Ugly Christmas Sweater Day (United States of America)
アグリー・クリスマス・セーター・デー（アメリカ）

その日どんな用事があっても、"ダサい"クリスマス模様のセーターを着るというイベントなんだって。

5
International Volunteer Day for Economic and Social Development
経済・社会開発のための国際ボランティア・デー ★
World Soil Day 世界土壌デー ★

植物などを育ててくれる土壌をよく知り、守っていこうという思いからできた日だよ。

6
Thomas Edison invents the phonograph. (United States of America, 1877)
エジソンが蓄音機を発明。（アメリカ）

11
International Mountain Day
国際山岳デー ★（34ページ 環境）

National Tango Day (Argentina)
タンゴの日（アルゼンチン）

12
Universal Health Coverage Day
ユニバーサル・ヘルス・カバレッジ・デー

人種、性別、年齢などに関係なく、だれもが医療を受けられるよう、よびかける日だよ。

17
The Wright brothers' first flight (United States of America, 1903)
ライト兄弟初飛行（アメリカ）

18
International Migrants Day
国際移住者デー ★
World Arabic Language Day
世界アラビア語の日

19
Adoption of Outer Space Treaty (1966)
宇宙条約採択

13日 正月事始め
The Start of Preparations for the New Year

正月にやってくるといわれる、年神様をむかえる準備を始める日です。この日から1年のよごれを落とす「すすはらい」や、お飾りやおせち料理の準備、大そうじなどに取りかかります。

24
Christmas Eve
クリスマス・イヴ
Independence Day (Libya)
独立記念日（リビア）

25
Christmas Day
クリスマス（36ページ 平和）
Quaid-e-Azam Day (Pakistan)
カイ・デ・アザム記念日（パキスタン）

パキスタンの初代総督であり、「カイ・デ・アザム（偉大な指導者）」ともよばれている、ムハンマド・アリー・ジンナーの誕生日だよ。

30
Rizal Day (Philippines)
リサール記念日（フィリピン）

フィリピン独立の英雄といわれるホセ・リサールが民族自立の活動により銃殺刑となった日。

31
New Year's Eve
大みそか

1年の終わりの日。国によって、いろいろな過ごし方をしているよ。

日本の祝日
天皇誕生日（23日）

December 3rd
12月3日

International Day of Persons with Disabilities

国際障害者デー

どんな日？

みなさんのまわりに，生まれたときから耳が聞こえない人，病気で目が見えなくなった人，事故で歩けなくなった人など，障害のために暮らしに不便を感じている人はいませんか。今，世界には，そうした障害をもつ人が全人口の約15％いるそうです。

1992年，国連は，障害のある，ないに関わらず，全ての人々が社会に参加できるよう行動を起こそうと，この日を制定しました。
障害があってもなくても，全ての人にはいろいろな力や可能性があります。おたがい認め合い，助け合っていきたいですね。

Words & Expressions

- **hearing aid** 補聴器
- **Braille** 点字
- **sign language** 手話
- **wheelchair** 車いす
- **Braille for your feet** 点字ブロック
- **sloped walkway** スロープ式歩道
- **artificial leg** 義足
- **guide dog** 盲導犬

What support do disabled people have?
障害のある人々を助けるものには，どんなものがあるのかな？

人権　Human Rights

English Activity — Let's think!

Who needs what?
だれが，何を必要としているんだろう？

> 30ページにあるものは，障害のある人たちが不便なく暮らせるように工夫されたものだね。下の人たちは，それぞれ何を必要だと言っているのだろう？　考えて，ふせん　　　に書いてはっていこう！

1
I can't see.
I need it. — Braille 点字
私は見ることができません。
それが必要です。

Where? どこかな？
guide dog 盲導犬

2
I can't hear.
I need it. — sign language 手話
私は聞くことができません。
それが必要です。

3
I can't walk.
I need it. — artificial leg 義足
私は歩くことができません。
それが必要です。

English Activity — Let's act it out!

Let's cheer for them!
応援しよう！

> 障害のある人々が，スポーツで活躍する場があるね。選手たちのがんばりを応援しよう！

- Do your best! がんばれ！
- Keep it up! その調子！
- Way to go! いい調子！

I can swim fast. 速く泳げるよ。

I can play tennis well. 上手にテニスができるよ。

I can run fast. 速く走れるよ。

★Let's think! の答え→40ページ

December 10th
12月10日

Human Rights Day

人権デー

どんな日？

「全ての人間は，生まれながらにして自由であり，かつ，尊厳と権利とについて平等である。」―1948年に国連は「世界人権宣言」を採択し，加盟国の全てがこの宣言を守ることを約束しました。「人権デー」はこの日を記念したものです。

国連は，**人権を侵害されている人々を保護し，人権侵害を防ぐよう**よびかけています。しかし，世界では，自分の存在を否定されて傷ついたり，暴力や戦争によって傷ついたりしている人々があとを絶ちません。一人ひとりの問題として人権について考えてみましょう。

Words & Expressions

neglect 無視

abuse むごい仕打ち，虐待

war 戦争

discrimination 差別

bullying いじめ

violence 暴力

unfairness 不公平

lack of freedom 自由のない状態

What hurts us ?
私たちは，どんなことに傷つくのだろう？

人権　Human Rights

English Activity: Let's think!

What is important?
大切なことはなんだろう？

- **Fairness is important.** 公平であることが大切だよ。
- **Kindness.** 思いやり。
- **Nonviolence.** 非暴力。
- **Peace.** 平和。
- **Friendship.** 友情。
- **Understanding.** 理解。
- **Respect is important, too.** 尊敬も大切だよ。

だれにでも人として幸せに生きる権利がある。人権を守るために大切なことは何かを友達と話し合ってみよう。

English Activity: Let's act it out!

Let's make a poster!
ポスターを作ろう！

This is my poster! これがぼくのポスター！

人権を守るために大切なことを、ポスターにかいてみんなに伝えよう！

Kindness to each other おたがいに思いやりを

Peace is our right! 平和は私たちの権利！

International Mountain Day

国際山岳デー

12月11日

どんな日？

地球の陸地面積の22%は山岳地です。約10億の人々が暮らしていて，平地に住む何十億の人々も，山がもたらすめぐみを受けて暮らしています。しかし森林伐採や気候変動などにより，山は大きな影響を受け，そこに生きる人々の暮らしにも変化が起きています。

2002年，国連は，**山岳地の自然環境や人々がかかえる問題を世界中で共有し，解決していこう**と「国際山岳デー」を制定しました。日本では，8月11日が「山の日」ですね。みなさんもいっしょに山の問題について考えてみましょう。

Words & Expressions

fresh water 新鮮な水

energy エネルギー

habitats （生き物の）すみか

wood 木材

alpine plants 高山植物

beautiful landscape 美しい景色

harvest 食糧の収穫

fresh air 新鮮な空気

mineral 鉱物

What do mountains give us?

山が私たちにもたらしてくれるものはなんだろう？

環境 Environment

English Activity
Let's think!

What is happening in the mountains?
山で何が起きているの?

We have less snow.
山の雪がどんどん減っているよ。

We have less drinking water.
(そのせいで) 飲み水もどんどん減っているよ。

山岳地に住む人はたくさんいるよ。でも、その山の環境が少しずつ変わってきているんだ。この他にも、ニュースなどで聞いて知っていることはあるかな?

▲アルプス山脈 (1984年6月撮影)　(2014年7月撮影)

It's a problem.
問題だね。

We have less forest area.
森林がどんどん減っているよ。

We have more landslides.
(そのせいで) 土砂くずれが増えているよ。

We have more tourists.
観光客や登山客が増えているよ。

We have more litter.
(うれしいことだけど、でも) ごみも増えているよ。

▲トレッキングで人気の高いアンナプルナ山 (ネパール)。たくさんのごみが捨てられています。

私たちの住んでいる山をこれからも大切にしたいよ。山の暮らしを守るために手伝ってくれないかな?

Do you have any good idea?
何かいいアイデアはないかな?

December 25th
12月25日

Christmas Day
クリスマス デイ

クリスマス

どんな日？

みなさんは，クリスマスというと何を思いうかべますか。クリスマスは，キリスト教の記念日で，キリスト教の教えをもたらしたイエス・キリストの誕生日とされています。クリスマスは，**その誕生を祝い，家族や大切な人のことを思っていのりをささげる日**です。

世界にはキリスト教の他にも，イスラム教，仏教，ヒンドゥー教など，さまざまな宗教があります。どの宗教も人々の幸せのために生まれて，長い歴史の中で育まれてきました。それぞれに信じているものを尊重し合い，争いのない世界にしていきたいですね。

Words & Expressions

Santa Claus サンタクロース

illuminations イルミネーション

Christmas stocking （プレゼントを入れる）くつ下

Christmas tree クリスマス・ツリー

sleigh そり

reindeer トナカイ

wreath リース

present プレゼント

What do you see around Christmas time?
クリスマスのころには，どんなものが見られるかな？

平和 / Peace

English Activity

Let's think!

Whose birthday is it?
だれの誕生日かな？

Christmas is Jesus's birthday.
クリスマスは，イエスの誕生日です。

ア）**Vesak is (　①　)'s birthday.**
ヴェサックは，①の誕生日です。

イ）**Mawlid is (　②　)'s birthday.**
マウリドは，②の誕生日です。

クリスマスは，Jesus（イエス）の誕生日。他の宗教でも，その宗教を始めた人の誕生日を祝っているよ。ア）のVesak，イ）のMawlidは，だれの誕生日かな？　ヒントを見て答えてね。

Vesak is the Buddhist festival, and Mawlid is the Islamic festival.
ヴェサックは仏教の祭りで，マウリドはイスラム教の祭りだよ。

ヒント
- **Buddha** ブッダ（仏教を始めた）
- **Muhammad** ムハンマド（イスラム教を始めた）

More to know

Vesak ヴェサック

▲タイ

ヴェサックは，仏教を始めたブッダが生まれ，さとりを開き，なくなった日を祝う祭りです。アジアには，この日を祝日とする国もたくさんあります。日付やよび方は国や暦などによって異なります。日本では「灌仏会」や「花祭り」などとよばれ，多くは，4月8日に行われています。

Mawlid マウリド

▲マレーシア

マウリドは，イスラム教の聖者の誕生を祝う祭りのことで，主に創始者であるムハンマドの誕生を祝う祭りを指します。ムハマンドのマウリドは，広い地域で行われています。祭りは，イスラムで用いる暦にしたがって行われますが，宗派によって日付が異なり，祝い方もそれぞれです。

★Let's think! の答え→ 40ページ

My Calendar
自分だけのカレンダーを作ろう！

右のページをコピーして，自分だけのカレンダーを作ってみよう。自分の予定や出来事，この本を読んで興味をもった日のことなどを書きこむよ。こんな日があったらいいなと思う日を書いてもいいね。

yesterday　昨日
today　今日
tomorrow　明日

[記入例]

October ● 月名と日付は自分で書き入れよう。

Sunday	Monday	Tuesday	Wednesday	Thursday	Friday	Saturday
	1	2 My Lucky Day! にじを見たよ！	3	4	5	6
7	8	9 World Post Day おじいちゃんに手紙を書く！	10 My father's birthday お父さんの誕生日	11	12	13 国際防災の日 防災グッズのチェックをする。
14 Field Day 運動会	15	16 My First Day! ペットを飼い始めた日！	17	18 My First Day! ケーキ作りにちょう戦した日！	19	20
21	22	23	24 United Nations Day ユニセフのぼ金。ボランティア活動をする。	25	26	27

My Lucky Day! その日にあった特別な出来事はラッキーデーとしてメモしておこう。

この本で学んだ日だよ。この日にしたいことも書いておくといいね。

My First Day! 何かをした最初の日を書こう。

My Calendar のヒント

entrance ceremony 入学式
closing ceremony 終業式
fire drill 消防訓練
opening ceremony 始業式
field trip 遠足
field day 運動会
graduation ceremony 卒業式
school trip 修学旅行
school festival 学芸会（文化祭）

学校の行事などは，英語でこんなふうに言うよ。

Sunday	Monday	Tuesday	Wednesday	Thursday	Friday	Saturday

Let's think! の答え

13ページ

❶ Germany
❷ China
❸ Sweden

17ページ

（例）

❶ environment, peace
❷ health, human rights, environment, peace
❸ culture, education, environment, peace
❹ food, health, economy, peace

など

> 同じ言葉を複数の機関に当てはめてもいいよ。活動内容や、設立の背景などから考えてみよう。

19ページ

> 赤い線で囲んだ部分が答えだよ。

23ページ

❶ False（正解：約24億人）
❷ False（正解：トイレを使うかわりに、ビニールぶくろにおしっこやうんちをして、ふくろの口をしばって屋外に投げ捨てること）
❸ False（正解：約800人）
❹ True
❺ True

25ページ

（例）

❶ food, house, clothes, name
❷ school, playing, friends, books
❸ safety, family
❹ playing, friends

など

> 例えば、"friends" という言葉は、❷にも❹にも当てはまるね。正解は1つではないから、思いついたことを、どんどん書いてはってみよう。

31ページ

（例）

❶ Braille, Braille for your feet, guide dog
❷ hearing aid, sign language
❸ artificial leg, wheelchair, sloped walkway

など

37ページ

❶ Buddha
❷ Muhammad

Take Action(テイク アクションヌ) 行動できる地球市民になろう

　世界には数多くの国や地域があり，そこに住む人々は，それぞれ異なる言葉や文化をもっています。しかし私たちは，言葉や文化はちがっても「地球」という1つの星に生まれ，共に生きる仲間です。今，世界は，戦争や人口の増加，気候変動，環境問題や感染症など，解決しなければならない数多くの課題をかかえています。地球に生きる人間は，これらの課題に，協力し合い立ち向かっていかなければなりません。

　まずは世界の課題を自分のこととして考え，身近な暮らしの中から解決に向けた行動を起こしてみましょう。そして次に，世界の人々と，言葉や文化のちがいをこえて課題の解決のために協力し合いましょう。"Global Citizens(スィティズンス)（地球市民）"とは，そのように行動する人のことをいいます。一人ひとりが地球市民として行動し，地球というかけがえのない場所を守っていきましょう。

「ピックアップページ」関連書籍

10月1日　国際高齢者デー　10ページ
『もっと知りたい！　お年よりのこと』全5巻
服部万里子監修　岩崎書店　2013年

10月9日　世界郵便の日　12ページ
『世界の郵便ポスト　196ヵ国の平和への懸け橋』
酒井正雄著　講談社エディトリアル　2015年

10月13日　国際防災の日　14ページ
『みんなの防災事典　災害へのそなえから避難生活まで』
山村武彦監修　PHP研究所　2015年

10月24日　国連デー　16ページ
『ポプラディア情報館　国際組織』
渡部茂己・阿部浩己監修　ポプラ社　2006年

10月27日　世界視聴覚遺産デー　18ページ
『映画は楽しい表現ツール』全3巻
昼間行雄著　偕成社　2016年

11月19日　世界トイレデー　22ページ
『シリーズ　自然　いのち　ひと⑮　トイレをつくる　未来をつくる』
会田法行写真・文　ポプラ社　2014年
『国際協力　トイレ修行学』
神馬征峰監修　崎坂香屋子・花田恭・小村浩二編　文芸社　2015年

11月20日　世界の子どもの日　24ページ
『子どもによる　子どものための「子どもの権利条約」』
小口尚子・福岡鮎美著　小学館　1995年
『続・世界の子どもたちは今』全3巻
アムネスティ・インターナショナル日本編著　絵本塾出版　2013年

11月第4木曜日　感謝祭　26ページ
『国際理解を深めよう！　世界の祭り大図鑑　知らない文化・伝統・行事もいっぱい』　芳賀日出男監修　PHP研究所　2006年
『世界の言葉で「ありがとう」ってどう言うの？』
池上彰・稲葉茂勝著　今人舎　2012年

12月3日　国際障害者デー　30ページ
『ユニバーサルデザインとバリアフリーの図鑑』
徳田克己監修　ポプラ社　2013年
『みんなで考えよう　障がい者の気持ち』全7巻
玉井邦夫他監修　学研　2010年
『いっしょに走ろっ！　夢につながる、はじめの一歩』
星野恭子著　大日本図書　2012年

12月10日　人権デー　32ページ
『ひとはみな、自由―世界人権宣言』
中川ひろたか訳　主婦の友社　2008年
『おじいちゃんの手』　マーガレット・H・メイソン文　フロイド・クーパー絵　もりうちすみこ訳　光村教育図書　2011年

12月11日　国際山岳デー　34ページ
『あきらめないこと、それが冒険だ―エベレストに登るのも冒険、ゴミ拾いも冒険！―』　野口健著　学研　2006年

12月25日　クリスマス　36ページ
『たのしい　おまつり―ナイジェリアのクリスマス―』　イフェオマ・オニエフル作・写真　さくまゆみこ訳　偕成社　2007年
『ポインセチアは　まほうの花　メキシコのクリスマスのおはなし』
ジョアンヌ・オッペンハイム文　ファビアン・ネグリン絵　宇野和美訳　光村教育図書　2010年

Teaching Guide　この本を指導にお使いになる方へ

トピックページについて

①子どもたちが興味をもったトピックについて、それがどのような日か、自由に想像しながら話し合うようにうながします。

②子どもたちが興味をもったトピックについて、図書館の本やインターネットなどを使って調べるようにうながします。

ピックアップページについて

● トピックの導入に使います。

どんな日？

①"What is today？（今日はなんの日？）"あるいは、「○○の日ってどんな日だろう？」と、子どもたちに問いかけます。

②「この日について知っていることはあるかな？」と、子どもたちの知っていることを引き出します。

③「どんな日？」の文章を子どもたちといっしょに読みます。

Words & Expressions

①下のシロクマさんの言葉を使って、子どもたちに問いかけ、答えを引き出します。子どもたちから出てくる答えは、日本語でもかまいません。

②ここに挙げられている言葉や表現は、問いの答えです。子どもたちと声に出して読んでみましょう。

● トピックをテーマにした活動に使います。

Let's think!

①トピックについて考えるためのクイズや問いが示されています。ノートやふせんを使って、自由にアイデアを書くようにうながします。

②ペアになったりグループを作ったりして、アイデアを交流してもよいでしょう。

Let's act it out!

①子どもたちが自由なアイデアで作業できるようはげまします。

②成果物は掲示をしたり、それを使って友達や家族の前で発表する機会を設けたりするのもよいでしょう。

● トピックについての補足情報です。

More to know

①子どもに読むようにうながし、そこから想像できること、知りたいことなどを引き出します。

②興味をもったことがあれば、図書館の本やインターネットなどを使って調べるようにうながします。

子どもたちに、次のように英語で呼びかけてみましょう！

Let's say this in English.
これを英語で言ってみましょう。

It's OK to make mistakes.
まちがっても大丈夫。

Any questions？
何か質問は？

Make pairs（groups）.
ペア（グループ）になって。

Let's play a game.
ゲームをしましょう。

Repeat after me.
私のあとについてくり返して。

Any volunteer？
だれかやってくれるかな？

Raise your hand.
手を挙げて。

Look at this.
これを見て。

10月1日　国際高齢者デー　10ページ

Words & Expressions の問いに対するその他の回答例

fortune　財産
steady voice　おだやかな声
gray hair　白髪
beard　ひげ
walking stick　つえ

Let's think! の問いに対するその他の回答例

It's hard to run.　走るのが難しい。
It's hard to memorize things.　覚えるのが難しい。
It's easy to get angry.　怒りやすい。
It's easy to get in tears.　涙もろい（泣きやすい）。

なお，記念日の名称のolder personsのpersonsは，改まった内容に使う表現です。一般的にはolder peopleと，peopleが使われます。

10月9日　世界郵便の日　12ページ

Let's act it out! では，手紙を書く前に，子どもたちが手紙のよさに気づけるような問いかけをします。

What is good about letters?
手紙のどんなところがいいかな？
I can touch and feel it.　さわって感じられる。
It feels warm.　温かみがある。
It's unique.　独自のよさがある。

【バースデーカードに使える表現例】

＊誕生日のひと言
Best wishes for your 11th birthday!
11才のお誕生日おめでとう。
Many smiles and much fun on your birthday!
笑顔と楽しみがいっぱいのお誕生日になりますように！

＊結びのあいさつ
Best wishes,　幸福をいのります
Sincerely,　心をこめて
Best regards,　どうぞよろしくお願いします
Yours,　～より

10月13日　国際防災の日　14ページ

Let's think! の問いに対するその他の回答例

Turn on the radio.　ラジオをつける。
Put on sneakers.　運動ぐつをはく。
Put out a small fire.　（自分で消せる程度の）小さな火を消す。
Collect water in the bathtub.　湯船に水をためる。

Let's think! の英語を使って避難指示をする活動をしてみるのはどうでしょう。リーダー役の人が指示をあたえ，他の人がそれを動作で表します。
この他に，防災袋に入れるもののリストを作る活動をすることもできます。

【リストに入る英語の例】

radio　ラジオ
water　水
food　食べ物
clothes　衣類
medicine　薬
flashlight　懐中電灯
battery　電池
gloves　手袋
knife　ナイフ
lighter　ライター

10月24日　国連デー　16ページ

Words & Expressions の問いに対するその他の回答例

money　金融
energy　エネルギー
law　法律
development　開発
refugees　難民
children　子どもたち

Let's think! の内容だけで，国連という機関や，ここに挙げた４つの機関の活動を理解することは，子どもたちには難しいかもしれません。そのときは，国連の機関の日本での活動の様子などを紹介するとよいでしょう。
また，子どもたちと年齢の近い，マララ・ユスフザイさんの国連でのスピーチ（2013年）を紹介することも，子どもたちの関心を国連に向けるよいきっかけになります。

10月27日 世界視聴覚遺産デー　18ページ

Words & Expressions の問いに対するその他の回答例
emotion 感動／dream 夢／laugh 笑い／
sorrow 悲しみ／fear 恐怖

Let's think! クイズのあとで，映画の製作にはどんな人が関わっているかを考えるのもよいでしょう。子どもたちが映像を作る際の参考になります。
scriptwriter 脚本家／director 監督／
actor / actress 俳優／cameraman 撮影技師

Let's act it out! の答え方の例
I want to make a movie about my pet.
私はペットの動画をとりたい。

映像を保存することの重要性は，子どもたちには理解しにくいかもしれません。昔の暮らしや戦争などの記録映画を見せたり，その意義について話し合ったりして，保存された映像に対する関心を高め，理解をうながしましょう。

11月20日 世界の子どもの日　24ページ

Let's think! の問いに対するその他の回答例
子どもの権利に関する事がらは，24ページに挙がっている事がらの他にもたくさんあります。自由に答えを引き出しましょう。
❶ medical care 医療／nutrition 栄養
❷ bed ベッド／education 教育
❸ nonviolence 非暴力
❹ opinion 意見

答えは1つとは限りません。また，複数の権利にまたがる事がらもあります。子どもたちがその権利に当てはめた理由をきいてみるのもいいですね。
ユニセフをはじめ，さまざまな支援団体が，世界中のいろいろな境遇に置かれた子どもたちをウェブサイトなどで紹介しています。その子どもたちの，どのような権利が守られていないかを考えることで，4つの権利がより具体的に理解できるでしょう。

11月19日 世界トイレデー　22ページ

Words & Expressions の問いに対するその他の回答例
must 不可欠なもの／recycled paper リサイクル紙／
emergency 緊急／calm 落ち着く

Let's think! クイズを考えたあとに，世界のトイレの歴史や習慣，課題などについて調べてはどうでしょうか。便器の形のちがいやトイレを使わない習慣など，日本とは異なる点に気づくことができます。
また，そのように調べることによって，子どもたちがトイレを見直すきっかけにもなるでしょう。次のような発言も出てくるかもしれませんね。
I want to use toilet more cleanly.
もっとトイレをきれいに使いたい。
I want to donate to a toilet project.
(開発途上国の)トイレに関するプロジェクトに寄付したい。

11月第4木曜日 感謝祭　26ページ

Words & Expressions の問いに対するその他の回答例
Danke（ドイツ語）
Grazie（イタリア語）
Terima kasih（インドネシア語）

Let's think! の問いに対するその他の回答例
I send a gift. プレゼントをおくる。
I help the person. 手伝いをする。

収穫に感謝する習慣は，アメリカやカナダに限ったものではありません。例えば，現在，日本では，11月23日は「勤労感謝の日」となっていますが，古くは，収穫に感謝する「新嘗祭」という祭日でした。日本や他の国々の行事にも目を向けさせ，ちがいについて考えるようにうながすことで，子どもたちに異文化理解の視点をあたえることができます。

12月3日　国際障害者デー　30ページ

Worlds & Expressions の問いに対するその他の回答例

- white cane　白杖
- barrier-free restroom　車いすでも使えるトイレ
- closed captioning on TV　テレビの字幕
- large font book　拡大文字の本
- soccer ball with bells　鈴入りのサッカーボール

他にもいろいろな企業や団体によって，障害のある人に向けたさまざまな工夫が提案されています。それらについて調べるのもよいでしょう。子どもがバリアフリーやユニバーサルデザインについて考えるきっかけとなります。

Let's think! の問いに対するその他の回答例

30ページに挙げたものの他にも，次のような回答が考えられます。

1. voice service　音声案内
2. conversation by means of writing　筆談
3. crutches　松葉づえ

Let's act it out! では，裏見返しの「ほめる／はげます」の言葉もあわせて言ってみましょう。

12月10日　人権デー　32ページ

Worlds & Expressions の問いに対するその他の回答例

- bad mouth　悪口
- backbiting　かげ口
- left out　仲間外れ
- humiliation　はずかしめること

Let's think! の問いに対するその他の回答例

- tolerance　心を広くもつこと
- forgiveness　許すこと
- love　愛情

Let's act it out! で使える他の標語の例

- Listen to our voice!　私たちの声を聞いて！
- Zero child abuse!　子どもへの虐待をなくして！

12月11日　国際山岳デー　34ページ

Worlds & Expressions の問いに対するその他の回答例

- inspiration　霊感／mountain sports　山岳スポーツ／
- rare animals　希少動物／comfort　安らぎ／
- meltwater　雪どけ水

Let's think! の因果関係の説明

山の雪が減ると，周辺の河川の水量が減り，その水を生活用水として使っている山の周辺住民の暮らしを支えることができなくなります。

山の木々の根は土壌をしっかりとつかみ，雨による表面土壌の流出や崩壊などを防いでいます。木々が伐採されることでこの機能が失われ，土砂くずれなどの災害につながっています。

観光客や登山客が食べ物の容器や使用済み酸素ボンベなどを山中に放置して下山したり，トイレ設備の未設置から野外ではいせつしたりすることなどが原因で，ごみが増加しています。

12月25日　クリスマス　36ページ

Worlds & Expressions の問いに対するその他の回答例

- turkey　七面鳥／carol　賛美歌／church　教会／
- snowy landscape　雪景色／candles　ろうそく

クリスマスを祝う言葉として，日本では"Merry Christmas"がよく使われますが，アメリカなど，キリスト教以外の宗教を信仰する人々も多く住む国では，そのような人々に配慮して"Happy Holidays"などの言葉を用いることが増えているようです。子どもたちとクリスマスカードを作るときには，そのことを伝えてみるのもよいでしょう。

【クリスマスカードに使える表現例】

Wishing you a wonderful holiday season!
すばらしい休暇を過ごせますように！

Have a joyful holiday season and a peaceful new year!
楽しい休暇と，おだやかな新年を！

Word List 言葉の一覧

この本に出てくる主な英語を「物の名前を表す言葉」「動作を表す言葉」「様子や性質を表す言葉」の3つに分類し、それぞれアルファベット順に並べています。

物の名前を表す言葉

英語	日本語	ページ
abuse	むごい仕打ち，虐待	32
address	住所	12
airmail	航空便	12
alpine plant(s)	高山植物	34
art	芸術	18
artificial leg	義足	30
basketball game	バスケットボールの試合	19
beautiful landscape	美しい景色	34
birthday	誕生日	37
birthday card	バースデーカード	13
book(s)	本	24
Braille	点字	30
Braille for your feet	点字ブロック	30
bullying	いじめ	32
Christmas stocking	（プレゼントを入れる）くつ下	36
Christmas tree	クリスマス・ツリー	36
clothes	衣服	24
cold wave	寒波	14
cooking	料理	19
country	国	26
culture	文化	16
development	育つこと	25
dinner	夕食	27
disabled people	障害のある人々	30
disaster(s)	災害	14
discrimination	差別	32
door	ドア	15
drinking water	飲み水	35
drought	日照り	14
earthquake	地震	14
economy	経済	16
education	教育	16
energy	エネルギー	34
entertainment	娯楽	18
envelope	ふうとう	12
environment	環境	16
eruption of a volcano	火山の噴火	14
experience	経験	10
fairness	公平	33
family	家族	19, 24
festival	祭り	37
flood	洪水	14
food	食べ物	16, 24
forest area	森林	35
forest fire	山火事	14
fresh air	新鮮な空気	34
fresh water	新鮮な水	34
friend(s)	友達	24
friendship	友情	33
gas	ガスの火，ガス	15
grandchild	孫	10
green	緑色	13
guide dog	盲導犬	30
habitat(s)	（生き物の）すみか	34
harvest	食糧の収穫	34
head	頭	15
health	健康	16
hearing aid	補聴器	30
heat wave	熱波，酷暑	14
higher ground	高い所	15
house	家	24
human rights	人権	16
idea(s)	考えたこと，アイデア	25, 35
illumination(s)	イルミネーション	36
image(s)	映像	19
imagination	想像	18
information	情報	18
insect(s)	昆虫	19
joy	喜び	18
kind	種類	14
kindness	思いやり	33
knowledge	知識	10
lack of freedom	自由のない状態	32
landslide(s)	地すべり，土砂くずれ	14, 35
leisurely life	のんびりとした生活	10
letter	手紙	27
letter paper	便せん	12
light blue	水色	13
litter	ごみ	35
mailbox	ポスト，郵便受け	12, 13
mail carrier	郵便配達人	12
meatball(s)	ミートボール	27
memory(ies)	思い出	10, 18
message	メッセージ	18
mineral	鉱物	34
mountain(s)	山	34, 35
movie(s)	映像，動画	18, 19
music	音楽	19
name	名前	24
neglect	無視	32
nonviolence	非暴力	33
older people	お年寄り	10, 11
organization(s)	機関	17
participation	参加	25
peace	平和	16, 33
pee	おしっこ	22
pet	ペット	19
playing	遊び	24
poo	うんち	22
post	郵便	12
postcard	はがき	12
post office	郵便局	12
poster	ポスター	33
present	プレゼント	36
problem	問題	35
profile book	自分のことを表す本	25
project(s)	プロジェクト	23

英単語	意味	ページ
protection	守られること，保護	25
pumpkin soup	かぼちゃのスープ	27
reading glasses	老眼鏡	10
record	記録	18
reindeer	トナカイ	36
respect	尊敬	33
right	権利	25, 33
roast chicken	ローストチキン	27
safety	安全	24
Santa Claus	サンタクロース	36
school	学校	24
shelter	安全な場所	15
sign language	手話	30
skill(s)	熟練した技	10
sleigh	そり	36
sloped walkway	スロープ式歩道	30
snow	雪	35
spaghetti	スパゲッティ	27
stamp	切手	12
story	物語	19
support	助けるもの	30
surprise	おどろき	18
survival	生き残ること	25
tennis	テニス	31
thank(s)	「ありがとう」の気持ち，感謝	27
time	ころ，時期	36
toilet(s)	トイレ	23
toilet paper	トイレットペーパー	22
tomato salad	トマトサラダ	27
tourist(s)	観光客	35
tsunami	津波	14
typhoon	台風	14
understanding	理解	33
unfairness	不公平	32
view of life	人生観	10
violence	暴力	32
voice(s)	声	19
wall	へい	15
war	戦争	32
water	水	22
wheelchair	車いす	30
wisdom	知恵	10
wood	木材	34
word(s)	言葉	12, 19, 22
World Heritage	世界遺産	19
wreath	リース	36
yellow	黄色	13

動作を表す言葉

英単語	意味	ページ
call	呼ぶ	11
cheer	応援する	31
collect	集める	12
cover	守る	15
express	表現する，表す	27
fall	転ぶ	11
find	見つける	19
forget	忘れる	11
get tired	つかれる	11
get to	〜の所へ行く	15
give	あたえる，もたらす	18, 34
give a hug	だきしめる	27
group	グループに分ける	25
grow	成長する	24
happen	起こる	11, 35
have	もつ	10, 14, 30, 35
hear	聞く	11, 31
help	助ける，手伝う	11
hurt	傷つける	32
imagine	想像する	23
keep away from	〜からはなれる	15
look	〜に見える	27
make	作る	13, 19, 25, 27, 33
make a call	電話をかける	27
move	動く	11
need	必要とする	24, 31
open	開ける	15
panic	あわてる	15
play	遊ぶ，プレイする	31
post	郵便で送る	13
run	走る	31
say	言う	26, 27
see	見る	11, 13, 31, 36
seek	探す	15
swim	泳ぐ	31
talk	声をかける	11
turn off	消す	15
walk	歩く	31
watch out	気をつける	15
work for	〜のために働く	17
write	書く	27

様子や性質を表す言葉

英単語	意味	ページ
a lot of	たくさんの	10
clean	清潔な	22
delicious	おいしい	27
dirty	きたない	22
easy	〜しやすい	11
embarrassed	はずかしい	22
face to face	直接	27
false	うその	23
fast	素早く，速く	11, 31
good	よい	35
hard	難しい	11
important	大切な	33
less	（より）少ない	35
more	（より）多い	35
now	今すぐ	15
private	プライベートな	22
relieved	ほっとする	22
short	短い	19
stinky	くさい	22
true	本当の	23
well	上手に	31

著者

町田淳子（まちだじゅんこ）

ベルワークス主宰，小学校テーマ別英語教育研究会(ESTEEM) 代表。2010年より白梅学園大学非常勤講師。共著書に『あそびながらおぼえる はじめて英語ランド』全5巻（金の星社），『小学校でやってみよう！ 英語で国際理解教育』全3巻（小学館），『小学校英語の授業プラン つくって調べる地球環境』（小学館），『小学校 テーマで学ぶ英語活動』BOOK1,2（三友社出版），『your world 英語テキスト』（子どもの未来社）などがある。

協力

加賀田哲也（かがたてつや）

大阪教育大学教授。光村図書中学校英語教科書『COLUMBUS 21』編集委員。専門は英語教育学。

装丁・デザイン●WILL（川島 梓）
表紙イラスト●寺山武士
本文イラスト●今井久恵
　　　　　　石川元子／いわしまちあき／
　　　　　　やまおかゆか
英文校閲●Heaven's Valley
　　　　（Malcolm Hendricks）
編集協力●WILL（片岡弘子，中越咲子，
　　　　　滝沢奈美，和田絵美）
DTP●WILL（小林真美，新井麻衣子）
校正●村井みちよ，中村 緑

〈主な参考資料〉

『イスラーム・シンボル事典』（明石書店）／『暮らしの歳時記　365日「今日は何の日か？」事典』（講談社）／『きょうはこんな日　365』（国土社）／『かこさとし　こどもの行事　しぜんと生活　12月のまき』（小峰書店）／『この日何の日　1億人のための366日使える話のネタ本』（秀和システム）／『イスラム教〈シリーズ世界の宗教〉』（青土社）／『仏教〈シリーズ世界の宗教〉』（青土社）／『春夏秋冬を楽しむ　くらし歳時記』（成美堂出版）／『すぐに役立つ　366日記念日事典［改訂増補版］』（創元社）／『ヨーロッパ祝祭日の謎を解く』（創元社）／『家庭学習用　楽しく学ぶ　小学生の地図帳』（帝国書院）／『最新基本地図－世界・日本－［40訂版］』（帝国書院）／『イスラーム基礎講座』（東京堂出版）／『記念日・祝日の事典』（東京堂出版）／『子ども平和図書館5　ターニャの日記』（日本図書センター）／『ヨーロッパの祝祭と年中行事［新装版］』（原書房）／『国際理解を深めよう！　世界の祭り大図鑑　知らない文化・伝統・行事もいっぱい』（PHP研究所）／『話のネタ365日［五訂版］今日は何の日』（PHP研究所）／『ビジュアル版　世界を動かした世界史有名人物事典　1000年－冒険家・発明家からアーティストまで』（PHP研究所）／『1年まるごと　きょうはなんの日？』（文研出版）／『世界大百科事典』（平凡社）／『ポプラディア情報館　国際組織』（ポプラ社）／『詳説世界史 改訂版』（山川出版社）／『知っておきたい　日本の年中行事事典』（吉川弘文館）／『世界の国々と祝日－その国は何を祝っているのかー』（理論社）

「外務省」http://www.mofa.go.jp／「公益財団法人　日本ユニセフ協会」http://www.unicef.or.jp／「公益社団法人　日本ユネスコ協会連盟」http://unesco.or.jp／「国連ハビタット　福岡本部」http://www.fukuoka.unhabitat.org／「国際連合広報センター」http://www.unic.or.jp／「総務省統計局」http://www.stat.go.jp/index.htm／「東京消防庁」http://www.tfd.metro.tokyo.jp／「独立行政法人　国際協力機構（JICA）」http://www.jica.go.jp／「独立行政法人　日本貿易振興機構（JETRO）」https://www.jetro.go.jp／「United Nations」http://www.un.org／「United Nations Children's Fund」http://www.unicef.org／「United Nations Educational, Scientific and Cultural Organization」http://en.unesco.org／「United Nations Environment Programme」http://www.unep.org／「United Nations Office for Disaster Risk Reduction」http://www.unisdr.org／「Universa Postal Union」http://www.upu.int/en.html／「World Food Programme」https://www.wfp.org／「World Health Organization」http://www.who.int/en/
その他，各国大使館，各国政府観光局，ならびに関係する諸団体のウェブサイトを参考にしました。

〈写真〉

photolibrary ／ shutterstock ／認定NPO法人環境市民　枩本育生

英語で学び，考える　今日は何の日 around the world
世界のトピック　10月 11月 12月

2016年9月16日　第1刷発行

著　者	町田淳子
発行者	時枝良次
発行所	光村教育図書株式会社
	〒141-0031　東京都品川区西五反田2-27-4
	TEL 03-3779-0581（代表）
	FAX 03-3779-0266
	http://www.mitsumura-kyouiku.co.jp/
印　刷	三美印刷株式会社
製　本	株式会社 難波製本

ISBN978-4-89572-960-4 C8082 NDC830
48p　27×22cm

Published by Mitsumura Educational Co.,Ltd.Tokyo, Japan

本書の無断複写（コピー）は，著作権法上での例外を除き禁止されています。
落丁本・乱丁本は，お手数ながら小社製作部宛にお送りください。送料は小社負担にてお取替えいたします。

Useful English Expressions
ユースふる　イングリッシュ　イクスプレッションズ

役立つ英語表現

自己紹介

Hi, I'm James.
やあ、ぼくはジェームズです。

I'm from Australia.
オーストラリアから来ました。

Nice to meet you.
初めまして。

Call me Jim.
ジムと呼んでね。

Hello.
こんにちは。

My name is Rika.
私の名前はりかです。

I like playing soccer.
サッカーをするのが好きです。

Great to meet you.
よろしくお願いします。

あいさつ

Good morning.
おはよう。

Good afternoon.
こんにちは。

Good evening.
こんばんは。

How are you?
お元気ですか？

How have you been?
どうしてた？

Fine, thank you.
はい、ありがとう。

Good!
元気だったよ！

Have a nice day!
よい一日を！

Good to see you.
会えてうれしいね。

Bye!
さようなら！

See you!
またね！

Take care!
体に気をつけてね！

Nice meeting you.
会えてよかった。

I had a good time.
楽しかった。

Good night.
おやすみなさい。

英語で学び、考える　**今日は何の日** *around the world*